CATALOGUE

DE LIVRES

D'ASSORTIMENS,

Qui se trouvent chez GABRIEL MARTIN, ruë Saint Jacques, à l'Etoile. 1737.

A

Abregé de l'Histoire d'Angleterre, de *Rapin Thoyras*. 3. *vol. in* 4.

Abregé des Meditations de Loüis *du Pont*, par le P. Pierre-Jos. *d'Orleans*. 2. *vol. in* 12.

Academie des Jeux historiques. *in* 12.

Acta Marii Mercatoris, *cum Notis Rigberii* (*Gabr. Gerberonii.*) Bruxellis, in 12.

Ammiani Marcellini *Historia Romana*, *ex editione & cum Notis Henrici* Valesii. in fol.

Analecta de calamitate Litteratorum, *sive*, Petrus Alcyonius, *Pierius* Valerianus, *& alii Auctores de Infelicitate Litteratorum.* in 12.

Anecdotes du Ministere du Comte-Duc d'Olivarès, (par l'Abbé *de Valdory*, in 12.

L'Antiquité expliquée & representée en Figures par Dom Bernard *de Montfaucon*, avec le Supplement. 15. *vol. in fol. gr. pap.*.

Antistius (*Lucius*) *de Jure Ecclesiasticorum.* in 8.

Apologetique de *Tertullien*, trad. par *Giry.* in 12.

Architecture *de Palladio*, trad. de l'Italien. Holl. in fol. figur.

A

Architecture de *Scamozzi* , trad. de l'Italien.
La Haye 1736. *in fol. figur.*
Architecture de *Vingboons* , contenant les Def-
feins des nouveaux Bâtimens de la Ville d'Am-
fterdam. *La Haye 1736. 2. vol. grand in fol.
figures.*
Arcudius (*Petrus*) *de Concordia Ecclefiæ Orien-
talis, & Ecclefiæ Occidentalis , in Sacramen-
torum adminiftratione. in 4.*
Arpe (*Petri Frider. Apologia pro Vanino. in 8.*
—— Ejufdem *Theatrum Fati , five Notitiæ
Scriptorum de Providentia & Fato. in 8.*
L'Art de monter à Cheval, ou Defcription du
Manege moderne dans fa perfection ; par le
Baron *d'Eifenberg* : Gravé par *Picart. La
Haye 1737. in fol. oblongo.*
Affifes & bons Ufages du Royaume de Jerufalem ,
établis par les François dans l'Orient , redigez
& mis en ordre par Jean d'Ibelin , Comte de
Japhe & d'Afcalon ; enfemble les Coutumes
de Beauvoifis , redigées par Philippes de Beau-
manoir ; & autres anciennes Coutumes tirées
des MSS. & enrichies de Notes, d'Obferva-
tions & d'un Gloffaire ; par Gafpar *Thaumas
de la Thaumaffiere. in folio.*
Athalie , Tragedie fainte de M. *Racine. in 4.*
L'Atlantis de Mad. *Manley,* trad. de l'Anglois. 2.
vol. *in 12.*
Avantures de Rofelli. 2. vol. *in 12.*

B

B Enedictiones *Pontificales.* in fol.
Beveregii (*Guil.*) *Codex Canonum Ecclefiæ
primitivæ vindicatus & illuftratus.* Lond. in 4.
Biblia Latina, Vulgatæ Editionis. 7. vol. in 24.
Leonard.
Bibliotheque des Auteurs de la Congrégation de
S. Maur , par Dom Phil. *le Cerf. in 12.*

Bianchini (*Francisci*) *Diſſertationes de Kalendario Cæſaris, ac de Paſchali Canone S. Hippolyti, cum Epiſtola de Nummo & Gnomone Clementino.* Romæ, 1703. in fol.

—— Ejuſdem *Solutio Paſchalis.* in fol.

Bocconis *Plantæ rariores Siciliæ, Melitæ, Galliæ & Italiæ.* Oxon. 1674. in 4. figur.

Bocharti (*Sam.*) *Geographia ſacra.* in 4.

Bredenburgius *contra Tractatum Spinoſæ theologico politicum.* in 4.

Breviarium Romanum, rubro-nigrum. 4. vol. in 4. Leonard.

Brietii (*Phil.*) *acutè Dicta Poëtarum Latinorum, cum Catalogo omnium Poëtarum veterum.* in 12.

Brunings (*Chriſtiani*) *Compendium Antiquitatüm Græcarum.* Francof. 1734. in 8.

Bulli (*Georgii*) *Judicium Eccleſiæ Cathol. contrà Epiſcopium.* in 8.

Buxtorfii (*Joan.*) *Lexicon manuale Hebraïcum & Chaldaïcum.* in 8.

C

CAnnegieteri (*Henr.*) *Diſſert. de Brittenburgo, Matribus Brittis, Britannica Herba, Brittia Procopio memorata, Britannorumque antiquiſſimis per Galliam & Germaniam ſedibus : accedunt ejuſd. Notæ ad Muntingium de vera antiquorum Herba Britannica.* Hagæ-Com. 1734. in 4.

Caſaubonorum (*Iſaaci & Merici*) *Epiſtolæ.* 2. vol. in fol.

Catalogus Librorum rariſſimorum & præſtantiſſimorum, qui in Theſauris Antiquitatum & Hiſtoriarum Græcarum, Romanarum, Italicarum & Sicularum continentur. Leidæ 1725. in 8.

Cluverii (*Phil.*) *Introductio ad Geographiam.* in 4.

Codices Sacramentorum , *nongentis annis vetuſtiores , ex editione Joſ. Mariæ Thomaſii.* in 4.

Cohauſen (*Joan. Henr.*) *Helmontius ecſtaticus , ſeu viſa Medicaminum poteſtas ab Helmontio ſomniante ; reviſa à vigilante Cohauſen.* Amſt. 1731. in 8.

Le Concile de Trente , trad. par *Chanut. in* 12.

Catechiſme du Concile de Trente , trad. *in* 12.

Concordantiæ Bibliorum. Colon. ab Egmond. in 8.

Conſilium delectorum Cardinalium & aliorum Prælatorum de emendanda Eccleſiæ , Paulo III. jube te conſcriptum anno 1538. cum duabus Card. Contareni *Epiſtolis de eodem argumento.* in 12.

Cours de Philoſophie , par le Sieur *le Sage. in* 12.

Cuperi (*Fr.*) *Refutatio Tractatûs theologico-politici Ben. Spinoſæ.* in 4.

D

DEcouverte de la Ville d'Antre en Franche-Comté. 2. *vol. in* 12.

Défenſe du Texte Hebreu , contre Pezron , par le *Quien.* 2. *vol. in* 12.

Défenſe des Verſions de l'Ecriture Sainte , des Offices de l'Egliſe, &c. (par *Arnauld.*) *in* 12.

Deſcription hiſtorique de la France , par M. *Piganiol de la Force* : derniere édition. 8. *vol. in* 12. *figures.*

Dictionnaire Geographique & Hiſtorique , par M. *Bruzen la Martiniere.* 6. *vol. in fol.*

Dictionnaire univerſel François-Latin : nouvelle édition. *Trevoux* , 5. *vol. in fol.*.

Dictionnaire Néologique: troiſiéme édition. *in* 12.

Dictionnaire Hiſtorique & Critique , de *Bayle.* 4 *vol. in fol.*

Dictionnaire Italien & Grec-vulgaire. *in* 4.

—— Methode Italienne & Grecque - vulgaire. *in* 8.

Dictionnaire Espagnol-François, & François-Espagnol, par François *Sobrino* : derniere édition. 2. *vol. in* 4.

—— Grammaire Espagnole, du *même. in* 8.

—— Secretaire Espagnol, du *même. in* 8.

—— Dialogues Espagnols & François, du *même. in* 8.

Discours historiques sur les évenemens les plus mémorables du V. & du N. Testament, par Jacq. *Saurin* ; enrichis des Figures de *Picart* & autres. *La Haye* 4. *vol. grand in fol.*

Dissertations nouvelles sur les Maladies, trad. du latin de *Boerhaave. in* 12.

Dissertations ou Prolegomenes de *Walton* sur la Bible, traduites en François. *in* 8.

Diurnale Romanum, rubro-nigrum. in 24.

E

E Claircissemens sur la reformation du Breviaire de Cluny, par Claude *de Vert. in* 12.

Elemens d'*Euclide*, traduits par *Henrion*. 2. *vol. in* 8.

L'Eleve de Terpsicore, ou Recueil de Vers tirés des Poëtes modernes, (par M. *de Boiss* .) *in* 12.

Entretiens d'Ariste & d'Eugene, par le P. *Bouhour. in* 12.

—— Maniere de bien penser dans les Ouvrages d'Esprit, par *le même. in* 12.

—— Pensées ingenieuses des Anciens & des Modernes, recueillies par *le même. in* 12.

Entretiens de Ciceron des vrais biens & des vrais maux, traduction de M. l'Abbé *Regnier des Marais. in* 12.

S. Ephrem *Syri Opera, Gr. Lat.* Oxonii 1709. in fol.

Epitres & Evangiles de toute l'année, avec des Reflexions. 2. *vol. in* 12.

Essais de Michel Seigneur de *Montaigne* : noul.

velle édition , avec les Remarques de M. *Coſte*.
3. *vol. in* 4.

———— Les mêmes. . *vol. in* 12.

Eſſais de Morale & Inſtructions theologiques &
morales , par **P.** *Nicole* ; avec ſa Vie. 21. *vol.
in* 12.

———— Les mêmes. 21. *vol. in* 18.

Etat de la Republique de Naples ſous le Gouver-
nement de M. le Duc de Guiſe , traduit de l'I-
talien ; ou ſuite des Memoires de M. de Guiſe.
in 12.

Etat de la France : derniere édition. 5. *vol. in* 12.

Etat general des unions faites des biens & reve-
nus des Maladeries, Leproſeries, Aumôneries ,
& autres Lieux pieux, aux Hôpitaux des Pau-
vres Malades, en exécution des Edits & Décla-
rations du Roy ; diviſé par Dioceſes , & par
ordre alphabetique. *in* 4.

Euſebii *& aliorum Hiſtoria Eccleſiaſtica , Gr.
Lat. per* Valeſium ; *ex noviſſimâ editione.* 3.
vol. in fol.

———— *Eadem* , Cartâ magnâ

Exercicios y Devociones. *in* 18.

Experiences Phyſiques , de M. *Poliniere.* 2. *vol.
in* 12. *figur.*

<h3 style="text-align:center">F</h3>

FAbri (*Baſilii , Theſaurus Eruditionis Scholaſ-
tica : nova editio auctior , ſtudio* Cellarii. 2.
vol. in fol.

Fagnani (*Proſperi ; Commentaria in Decretales :
editio nova diſceptatione de Grangiis auctior.*
3. vol. in fol.

Fides Eccleſiæ Orient. ſive , Gabrielis Philadel-
phienſis *Opuſcula , Gr. Lat. cum Notis* Ri-
chardi Simonis : *adversù, Joan. Claudii Reſ-
ponſum ad Perpetuitatem Fidei.* in 4.

La Foy des Chrétiens & des Catholiques juſtifiée

contre les Deïstes, Juifs, &c. par le P. *Dez*, de
la Compagnie de Jesus. 4. *vol. in* 12.

ragmens d'Hiſtoire & de Litterature. *in* 12.

De Freſne du Cange *Gloſſarium ad Scriptores
media & infima Latinitatis.* 6. vol. in fol.

G

GErſonii *Opera , ex editione Lud.* Ellies du
Pin. 5. vol. in fol.

Grævii (*Joan. Jac.*) *Syntagma Diſſertationum
variarum & rariorum.* in 4.

Grotius (*Hugo*) *de veritate Religionis Chriſtia-
na : nova editio cum Notis Joan.* Clerici. in 8.

H

HErodiani *Hiſtoria , Gr. Lat. cum annot.* Boë-
cleri. 2. vol. in 8.

El Heroe *, de Gracian.* in 16.

Hiſtoire de l'Ancien & du Nouveau Teſtament,
enrichie de plus de 400 figures en taille-douce,
par David *Martin, Anvers, Mortier.* 2. vol.
in fol

Hiſtoire de l'Ancien & du N. Teſtament , par *de*
Royaumont , (Nic. *Fontaine.*) *in* 4. ou *in* 12.

Hiſtoire du Droit François. *in* 12.

Hiſtoire de la Muſique & de ſes effets. 4. vol. *in*
12.

Hiſtoire des Juifs , de *Joſephe,* trad. par *Arnauld*
d'*Andilly.* in fol. figur.

—— La même. 5. vol. *in* 12.

Hiſtoire du ſeiziéme ſiecle , par *Durand. La*
Haye 1737. 4. vol. in 12.

Hiſtoire du Différend entre le Pape Paul V. & la
Republique de Veniſe , traduite de l'Italien. in
8.

Hiſtoire du Roy Charles VI. traduite du Latin
d'un Auteur contemporain , Religieux de S.
Denis , avec des Additions , par Jean le La-
boureur. 2. vol. in fol.

Histoire de France , sous le regne de Loüis le Grand , par Is. *de Larrey.* 9. *vol. in* 12. *ou* 3. *vol. in* 4.

Histoire & Recherches des Antiquitez de la Ville de Paris , par *Sauval.* 3. *vol. in fol.*

Histoire de la Ville de Paris , par les PP. *Felibien* & *Lobineau* Benedictins. 5. *vol. in fol. figur.*

Histoire du Comté d'Evreux, par Phil. *le Brasseur. in* 4.

Histoire des dernieres Revolutions d'Angleterre trad. de l'Anglois de M. *Burnet.* 2. *vol. in* 4. *figur.*

Histoire du Cardinal Alberoni , (par M. *Rousset.*) *in* 12.

Histoire secrete de la Cour de Madrid. *in* 12.

Histoire Genealogique de la Maison de Courtenay , par Jean *du Bouchet. in fol.*

Histoire naturelle d'Irlande , traduite de l'Anglois de Gerard *Boate* , par *P. Briot. in* 12.

Histoire des sept Sages de la Gréce , par Is. *de Larrey. in* 8.

Histoire comique de Francion. 2. *vol. in* 12.

Histoire des Rois de Chypre , de la Maison de Lusignan , trad. de l'Italien de *Giblet.* 2. *vol. in* 12.

Histoire des Plantes usuelles , par M. *Chomel.* 3. *vol. in* 12.

Histoire des Favorites. 2. *vol. in* 12.

Histoire des Ouvrages des Sçavans , par *Basnage de Bauval.* 24. *vol. in* 12.

Histoire Critique des Journaux Litteraires , par *Camusat. in* 12.

Histoire Metallique de la Republique de Hollande , par *Van Loom.* 5. *vol. in fol. figures.*

Hymnes du nouveau Breviaire de Paris , trad. ou paraphrasées en vers. *in* 12.

Horatii *Opera , cum Notis perpetuis Joan.* Minellii. *in* 12.

Horomanorum (*Franc. & Joan.*) *& clarorum Virorum ad eos Epistolæ ; cum appendice Epistolarum miscellanearum.* in 4.

Huetii (*Dan*) *Demonstratio Evangelica.* in 4.

I

JAële *Laus Ululæ* , & Passeratii *Encomium Asini.* in 12.

La Jerusalem delivrée , du Tasse ; traduction nouvelle par M. *Mirabaud* 2 vol. *in* 12.

De Imitatione Christi. in 24. Leonard.

Imitation de J. C traduite en François. *in* 12.

—— La même. *in* 24. *avec figures.*

Interêts presens des Puissances de l'Europe , par M. *Rousset.* 3. vol. *in* 4.

—— Les mêmes. 17. vol. *in* 12.

Josephi *Opera, Gr. Lat. ex editione* Havercampii. Amst. 2. vol. in fol.

Jugemens des Sçavans sur les principaux Ouvrages des Auteurs , par M. *Baillet* : nouvelle édidition , avec les Remarques de M. *de la Monnoye.* 7. vol. *in* 4.

Justification de l'Histoire de M. *Fleury.* in 12.

S. Justini *Opera , Gr. Lat.* Lond. 1722. in fol.

K

KEstleri (*Joan. Steph.*) *Physiologia Kircheriana experimentalis.* in fol.

Kircheri (*Athanasii*) *splendor & gloria Domûs Joanniæ.* in 4.

—— *Prodromo apologetico alli Studi Kircheriani, da Gioseffo Petrucci.* in 4.

L

De la LEcture de l'Ecriture Sainte , (par Arnauld.) in 8.

Lettres de Guy *Patin.* 5. vol. in 12.

Lettre critique de M. S*** sur les Mathematiques du P. Castel. *in* 4.

Lettres & Memoires de *Vargas* , touchant le

Concile de Trente, trad. par *le Vassor. in 8.*

Lettres du Chevalier *Temple*, trad. de l'Anglois. 2. *vol. in* 12.

Lettres de Religion & de Metaphysique, de M. *de Fenelon. in* 12.

Lettres & Poësies de la Marquise de Perne. 2. *vol. in* 12.

Lipsius, *& alii Auctores, de Cruce Christi, &c.* 4. vol. in 12. figur.

Les Loix Civiles dans leur ordre naturel, le Droit Public, & *Legum delectus*, par M. *Domat. in* folio.

M

MAan (*Joannis*) *Sancta Ecclesia Turonensis*. in fol.

Le Maître Italien, de *Veneroni. in* 12.

Le Martyre de Theodore & de Didyme. *in* 12.

Memoires de M. *de Saint-Evremond.* 2. *vol. in* 12.

Memoires de Theodore Agrippa d'*Aubigné.* 2. *vol. in* 12.

Memoires de M. *Arnauld d'Andilly.* 2. *vol. in* 12.

Memoires de Pierre *de Brantome.* 10. *vol. in* 12.

Memoires de M. L.... (*Tenet*) Conseiller d'Etat, contenant l'Histoire des Guerres Civiles des années 1649 & suivantes, principalement celles de Guyenne & autres Provinces. 2. *vol. in* 12.

Memoires de Monsieur Gaston Duc d'*Orleans. in* 12.

Memoires de Mademoiselle de *Montpensier.* 6. *vol. in* 12.

Memoires de M. *de la Rochefoucauld*, & de M. *de la Chastre. in* 12

Memoires du Duc de Navailles. *in* 12.

Memoires des Troubles de France sous Charles

IX. Henry III. & Henry IV. avec les Voyages de MM. de Mayenne & de Joyeufe au Levant & au Poitou, par M. *de Villegomblain.* 2. *vol. in* 12.

Memoires pour fervir à l'Hiftoire univerfelle de l'Europe, depuis 1600. jufqu'en 1716. avec des Reflexions & des Remarques critiques. 4. *vol. in* 12.

Memoires fur l'état du Clergé & de la Nobleffe de Bretagne, par le P. *Touffaint de S. Luc.* 2. *vol. in* 8. *figur.*

Memoires de *Molefworth,* trad. de l'Anglois *in* 8.

Memoires de *Walfingham,* trad. de l'Anglois *in* 4.

Memorie recondite, di Vittorio *Siri.* 8. *vol. in* 4.

Metamorphofes d'*Ovide,* en Rondeaux, par *de Benferade.* Holl. 2. *vol. in* 8. *figur.*

Methode des Langues Françoife & Angloife. *in* 8.

Methodes pour refoudre les Queftions indeterminées de l'Algebre, par M. *Rolle,* de l'Academic Royale des Sciences *in* 4.

Micrælii (*Joan.*) *Syntagma Hiftoriarum Ecclefia. cum continuatione Danielis* Hartnaccii. in 4.

Miroir des Nobles de Hasbaye, où il eft traité des Genealogies de l'ancienne Nobleffe du Pays de Liege, par Jacq. *de Hemricourt;* mis en nouveau langage par *de Salbray. Bruxel.* 1715. *in fol.*

Molina *de concordia Liberii-Arbitrii cum Gratiæ donis, &c.* in 4.

Le Mort (*Lud.*) *Pharmacia & Chymia.* 2. vol. in 8.

N

Nature & qualitez du Point, par Scipion *de Grammont. in* 8.

Le *parfait* Negociant, avec les Pareres fur le

Commerce, par M. *Savary*: derniere édition.
2. *vol. in* 4.

Novum Teftamentum Græcum. in 24. Wetftein.

Novum Neftamentum Latinum. in 12.

Le Nouveau Teftament, traduit fur la Vulgate,
avec les differences du Grec. *in* 4. *ou in* 8. *ou
in* 12.

———— Le même, avec des figures. 2. *vol. in* 12.

O

Bras de Fr. *de Quevedo.* 3. *vol. in* 4.

Œuvres d'*Horace*, trad. avec des Remar-
ques, par M. Dacier. 10. *vol. in* 12.

Œuvres diverfes de *Bayle.* 5. *vol. in fol.*

Œuvres de Nic. *Boileau Defpreaux.* 2. *vol. in* 12.

———— Les mêmes : avec figures de Picart. 2. *vol.
in fol.*

Œuvres diverfes de Jean *de la Fontaine.* 3. *vol.
in* 4.

———— Poëfies diverfes *du même.* 3. *vol. in* 8.

Œuvres de Clement *Marot* : derniere édition
avec des Remarques. 6. *vol. in* 12. ou 4. *vol.
in* 4.

Œuvres d'Etienne & Nicolas *Pafquier* : nouvelle
édition. 2. *vol. in fol.*

Œuvres de *le Pays.* 3. *vol. in* 12.

Œuvres de *Cyrano de Bergerac.* 2. *vol. in* 12.

Œuvres de J. F. *Regnard.* 5. *vol. in* 12.

Œuvres de *Tyffot Patot.* 3. *vol. in* 12.

Œuvres de Jean-Baptifte *Rouffeau. Soleure, in*
12.

——— Les mêmes. *Londres,* 2. *vol. in* 4.

Œuvres de M. *de Fontenelle.* 3. *vol. in fol. figur.*

———— Les mêmes. 3. *vol. in* 4. *figur.*

Œuvres de Cefar *Vichard de Saint-Real.* 5. *vol.
in* 12.

Œuvres de Claude *Perrault* de l'Acad. Royale
des Sciences. 2. *vol. in* 4. *figures.*

Office de la Semaine Sainte , en Latin & en
François : traduction nouvelle , avec des Re-
flexions , des Instructions , &c. *in* 8. *ou in* 12.
ou in 18.

Oldoini (*Augustini*) *Athenæum Romanum , Li-*
gusticum , & Augustum. 3. vol. in 4.

Ordonnance civile de Loüis XIV. de 1667. *in* 12.

Ovidii *Opera , cum Notis* Variorum. 3. *vol. in* 8.

P

PAlmerii (*Jacobi*) *Exercitationes in optimos*
ferè Auctores Græcos. in 4.

Panegiricos de *Ibanez de la Renteria.* 2. vol in 8.

Parkeri (*Sam.*) *Disputationes de Deo & Pro-*
videntia divina. in 4.

Il Pastor fido , del *Guarini. in* 4. *figur.*

Il medesimo : edizione nuova arrichita di utilis-
sime Annotationi. *Amst.* 1736. *in* 4.

Perroniana , *sive excerpta ex ore Card.* Perronii.
in 8.

Petavii *Dogmata Theologica.* 3. vol. in fol.

———— Ejusdem *Doctrina Temporum.* 3. vol. in
fol.

Petri (*Suffridi*) *de Frisiorum antiquitate &*
origine libri tres. in 12.

La Philis de Scire , de *Bonarelli ,* en Ital. & en
Franç. *in* 12.

Pierta del Paragone politico, di *Boccalini. in* 24.

Pignorius (*Laurent.*) *de Servis & eorum apud*
Veteres ministeriis : necnon Popma de operis
Servorum. 2. vol in 12. figur.

Pope Blount (*Thoma*) *Censura celebriorum Auc-*
torum. in 4.

Des Processions de l'Eglise , avec un Recueil des
plus celebres qu'on a coutume de faire tous les
ans, par le Sieur *Vatar. in* 12.

Propertius , *cum comment.* Broukhusii. Holl. in 4.

Les Pseaumes de David , mis en François & dis-

tribuez pour tous les jours du mois , avec une
Priere pour chaque jour , où le sens & l'esprit
des Pseaumes sont renfermez , par M. l'Abbé
de la Roche. in 12.

R

Apini (*Renati*) *Hortorum libri IV. cum
disputatione de Cultura Hortensi.* Ex Typo-
graphia Regia , in 4.

Recueil des Traitez de Paix entre les Rois de
France & les autres Princes de l'Europe , jus-
ques & compris les Traitez d'Utrecht. 7. *vol.*
in 4.

Recueil historique, contenant le Projet pour l'en-
treprise d'Alger ; la Relation des Voyages du
Sieur Bricard à Tunis ; l'Expedition de Gigery
en 1664 les Campagnes de Hongrie ; le Voya-
ge de Naples de M le Duc de Guise en 1654.
décrit par lui-même, &c. *in* 12

Recupitus (*Cæsar*) *de Prædestinatione & Gra-
tia.* in 4.

Relation de l'Isle de Tabago , ou de la nouvelle
Oüalcre, par *de Rochefort in* 12.

Remarques sur l'Histoire d'Angleterre de Rapin
Thoyras , par *Tindal. La Haye* 1333. 2. *vol.*
in 4.

Remarques sur une Lettre de M. Spon , conte-
nant les raisons qui font prendre aux P. R. la
Religion Catholique pour nouvelle, (par *Ar-
nauld*) *in* 12.

Remarques sur l'Angleterre faites par un Voya-
geur en 1710 & 1711. *in* 12.

Roma ricercata nella scuola de gli Anticarii , da
Martinelli. in 16. *figur.*

Rumphii (*Georgii Everhardi*) *Thesaurus Ima-
ginum Piscium Testaceorum, Cochlearum, Con-
chyliorum , & Mineralium.* Lugd. Bat. 1711.
in fol. figur.

Ruysch (*Frider.*) *Theatrum Animalium.* 2. vol. in fol. figur.

S

SAtire Menippée de la vertu du Catholicon d'Espagne, & de la tenuë des Etats de la Ligue : nouvelle édition avec des Remarques & des Additions considerables. 3. *vol. in* 8.

Scacchi (*Fortunati*) *Thesaurus Antiquitatum sacro-prophanarum.* Hagæ-Com. 1725. in fol. figur.

Scheuchzeri (*Joan. Jac.*) *Herbarium Diluvianum.* Lugd. Bat. 1723. in fol. figur.

Ejusdem *Itinera per Alpinas Helvetiæ Regiones.* Lugd. Bat. 1723. 4. vol. in 4. figur.

Scriptores de Vita Mariæ Stuartæ Scotorum Reginæ. Londini, 2. vol. in fol.

Seguini (*Petri*) *Numismata : editio* II. in 4.

Sermons de M. *Massillon.* 5. *vol. in* 12.

Simonii (*Ricardi*) *Synopsis novorum Bibliorum Polyglottorum.* in 8.

Stuckii (*Joan. Guill.*) *Opera, scilicet, de Sacrificiis Veterum, & Antiquitates Conviviales; editio novissima.* in fol.

Suetonii *Opera, cum Comment.* Joan. Henr. Boëcleri. in 4.

T

TAcite, trad. avec des Notes historiques & politiques, par *Amelot de la Houssaie.* 10. *vol,* in 12

Teatro Belgico, di *Leti.* 2. *vol. in* 4. *figur.*

Teatro Gallico, di *Leti.* 7 *vol. in* 4 *figur.*

Teisserii *Catalogus Auct rum qui Catalogos Librorum vel Vitas Doctorum scripserunt.* in 4.

Theatrum novum Pedemontii & Sabaudiæ. Hagæ-Com. 1726. 2. vol. in fol. maximo, fig.

Terentii *Comœdia, cum Notis perpetuis.* Joan. Min-Ellii. in 12.

Theophili *Inſtitutiones* , *cum Notis Joan. Dou-*
jatii. 2. vol in 12.

Tombeaux des Perſonnes illuſtres , par Jean *le
Laboureur. in fol. figures.*

Traitez des Monnoyes , par le Sieur *Poullain*,
imprimez par l'ordre de M. Deſmaretz , Con-
trolleur General des Finances. *in* 12.

Traité de la Compagnie d'Oſtende. *in* 4.

Traité de l'origine des Romans , par M. *Huet.
in* 12.

Traité de la verité de la Religion Chrétienne ,
& de la Divinité de JC. par *Abbadie.* 3.
vol. in 12.

V

Vie de S Bernard , (par M. *le Maiſtre de
Sacy.) in* 8.

Vie de Bayle , par *des Maizeaux.* 2. *vol. in* 12.

Virgilius , *ex recenſione Dan. Heinſii.* in 12.

Voſſii (*Gerardi Joan.*) *Opera omnia.* Amſtelo-
mi , 1695. 6. vol in fol.

Voyages de M. *des Hayes* en Danemarck , & de
M. *Quiclet* à Conſtantinople par terre. *in* 12.

Voyages de Corneille le *Bruyn* en Perſe , en
Moſcovie , & aux Indes. Hollande , 2. vol.
in fol. figures.

Voyage *de Caron* aux grandes Indes. 2. vol. *in* 12.

Voyage d'Italie , de *Miſſon.* 3. *vol. in* 12. *figur.*

Voyages d'*Olearius* en Perſe & Moſcovie , & de
Mandeſlo aux Indes Orient. trad par *de Wic-
quefort.* 2. vol. *in fol. figur.*

De l'Uſage de la Raiſon & de la Foy , ou l'accord
de la Foy & de la Raiſon , par M *Regis. in* 4.

*On trouve chez le méme Libraire toutes
ſortes de Livres de Bibliotheque & de
Livres Etrangers.*

www.ingramcontent.com/pod-product-compliance
Lightning Source LLC
LaVergne TN
LVHW010117060726
842524LV00006B/2572